Un petit frère pour Nina

Pour Isabel, merveilleuse accoucheuse d'histoires et sage femme -   CN-V
Pour Tristan et Lucile - MB

Première édition dans la collection *lutin poche*: mai 2006
© 2006, l'école des loisirs, Paris, pour l'édition en *lutin poche*
© 2004, Kaléidoscope, Paris
Loi numéro 49 956 du 16 juillet 1949 sur les publications
destinées à la jeunesse : septembre 2004
Dépôt légal : octobre 2017
Imprimé en France par Aubin Imprimeur à Ligugé

Christine Naumann-Villemin

Un petit frère pour Nina

Illustrations de Marianne Barcilon

kaléidoscope
les lutins de l'école des loisirs
11, rue de Sèvres, Paris 6e

Nina a bien joué toute la journée. Mais le soir, un méchant petit cauchemar se glisse dans sa chambre :
« Alors, petite fille, comme ça, tu vas avoir un petit frère ? »

Nina lui tourne le dos et met son pouce dans sa bouche :
« Laisse-moi tranquille ! Va-t'en, ou j'appelle ma maman ! »

Le lendemain, le cauchemar revient.
« Quand tu voudras t'amuser, il prendra tous tes jouets ! »

« Sûrement pas ! Je vais lui donner tout ça ! »

La nuit d'après, le cauchemar est encore là.
« Il paraît que le bébé va dormir dans ta chambre ?
Il va prendre toute la place ! »

« Ça ne risque pas ! Je lui ai préparé un coin rien que pour lui ! »

Les jours passent. Chaque soir, le cauchemar est un peu plus gros.
« Tu sais que ta maman va lui chanter des chansons,
lui faire des câlins et des guili-guili partout ! »

« Ce que t'es énervant ! Moi aussi, je lui ferai des bisous. Chaque fois qu'il partira de chez nous... »

Au fil des semaines, le cauchemar ne se décourage pas.
Il est devenu énorme. « Ton petit frère va bientôt arriver, fillette !
Ton papa le lavera, le changera, l'habillera. Et toi, qui s'occupera de toi
pendant ce temps-là ? » Nina ne répond pas.

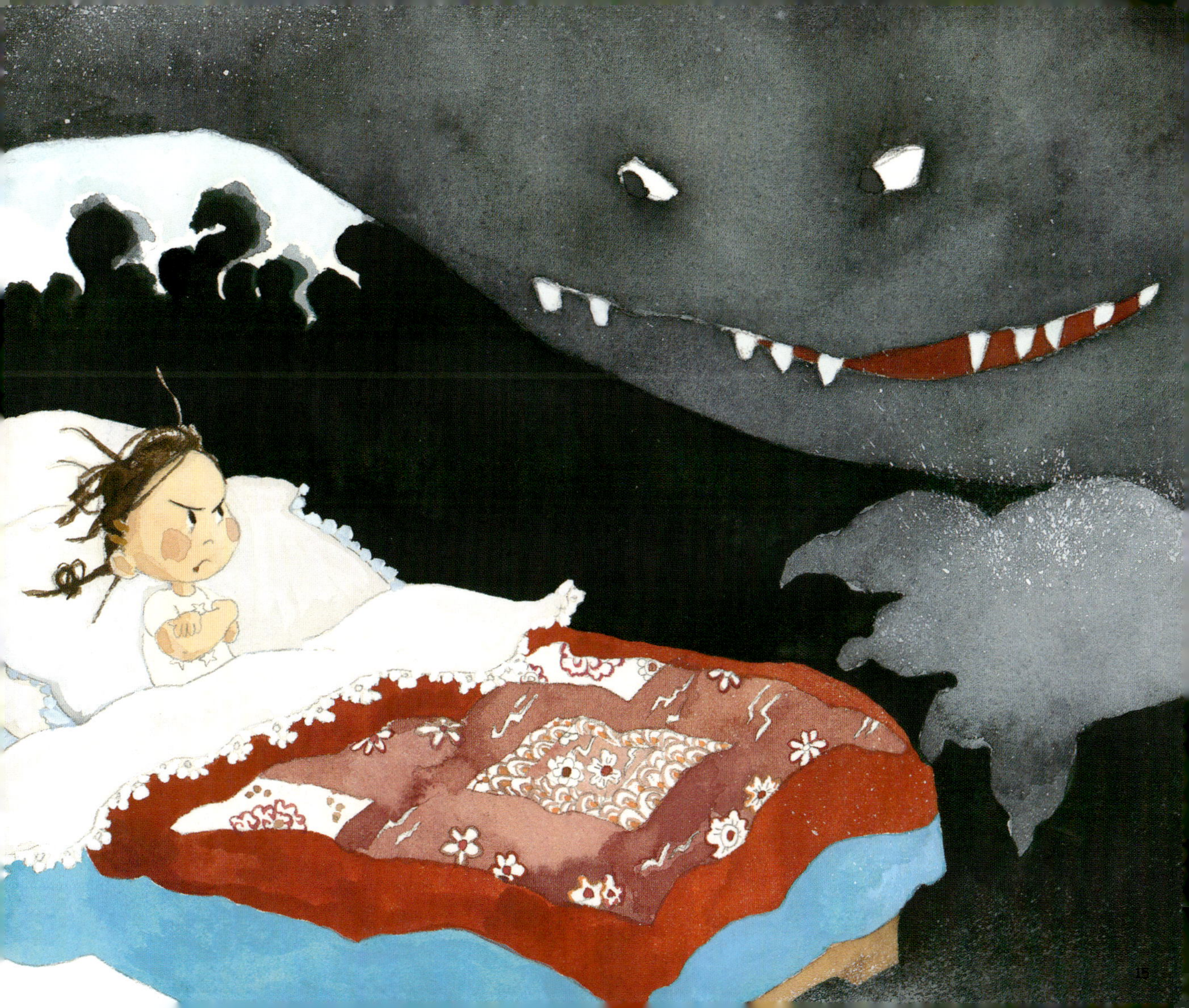

Un matin, le petit frère arrive à la maison dans les bras de sa maman. Il est petit, tout tout petit, et pas très joli.

Nina lui fait visiter la maison.
« Regarde, c'est ma chambre à moi, et voilà ton coin à toi ! »
Ouinnnnnnnnn !!

« T'es tout petit mais qu'est-ce que tu fais comme bruit ! »

OUINNNNNNN !

« Oh la la ! Tu ne pourrais pas changer de disque ?
Tiens, écoute ! Moi aussi je sais faire du boucan ! »

« T'es pas rigolo, et en plus tu sens pas très bon !
Maman ! Je crois qu'il faut le changer ! »

OUINNNNN !

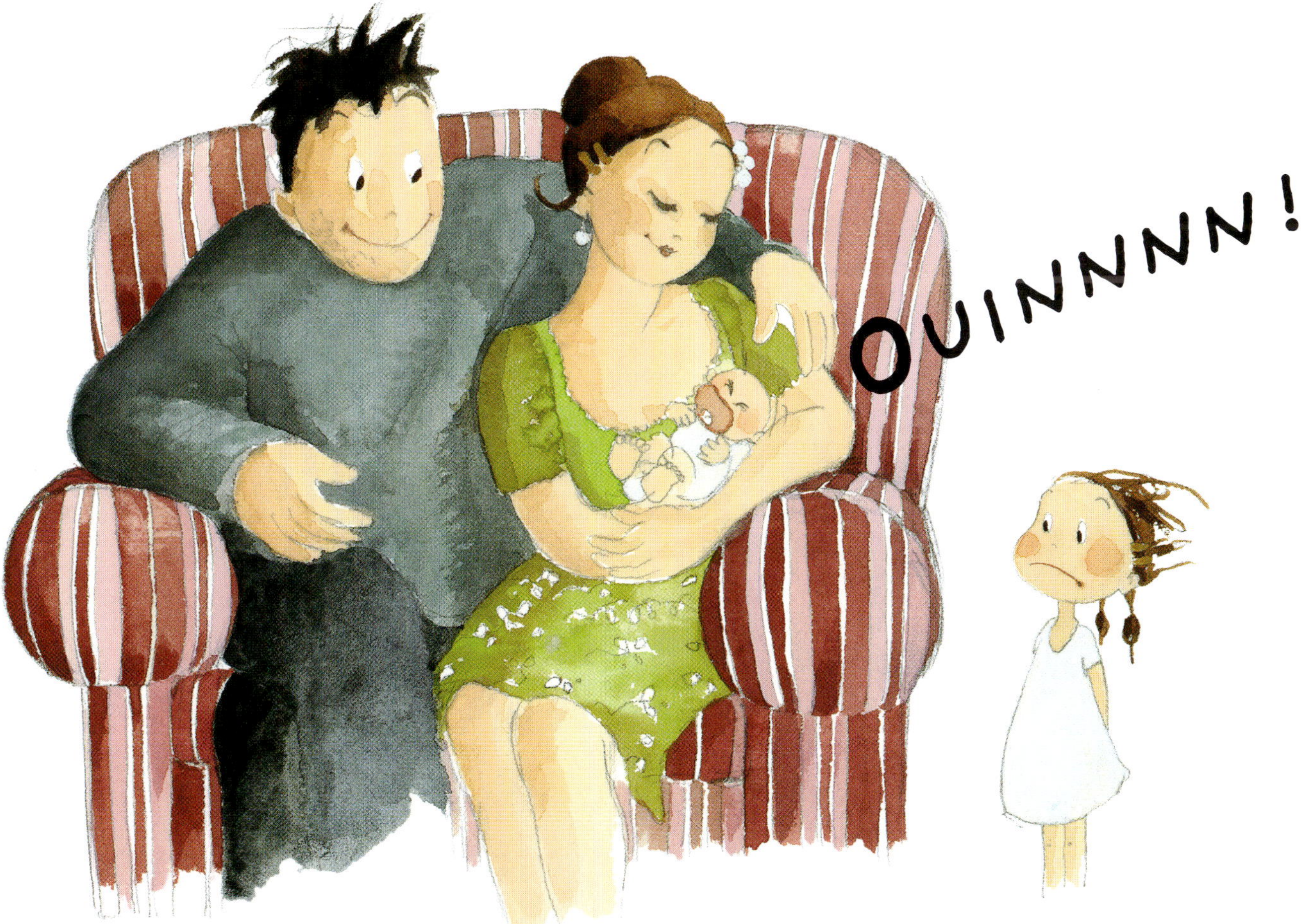
OUINNNN !

« Mais chuuuuut, à la fin ! Mes oreilles sont toutes cassées ! »

« Ah, ça te fait rire, ça ? »

« Bon, ça te dirait que je te donne ton biberon ?
Hou ! T'es content, là, hein ? Et puis, tu ne dis plus rien,
ça fait du bien... Tu en as de la chance d'avoir une grande sœur
comme moi, tu sais ! »

Mais le soir même, l'affreux cauchemar revient.
« C'est moi ! »
« Ah non ! Ça suffit ! Laisse-moi tranquille, sinon... »
« Sinon quoi ? » ricane le méchant rêve.
« Tu ne me fais pas peur, petite fille ! »
Nina se lève pour allumer la lumière et...

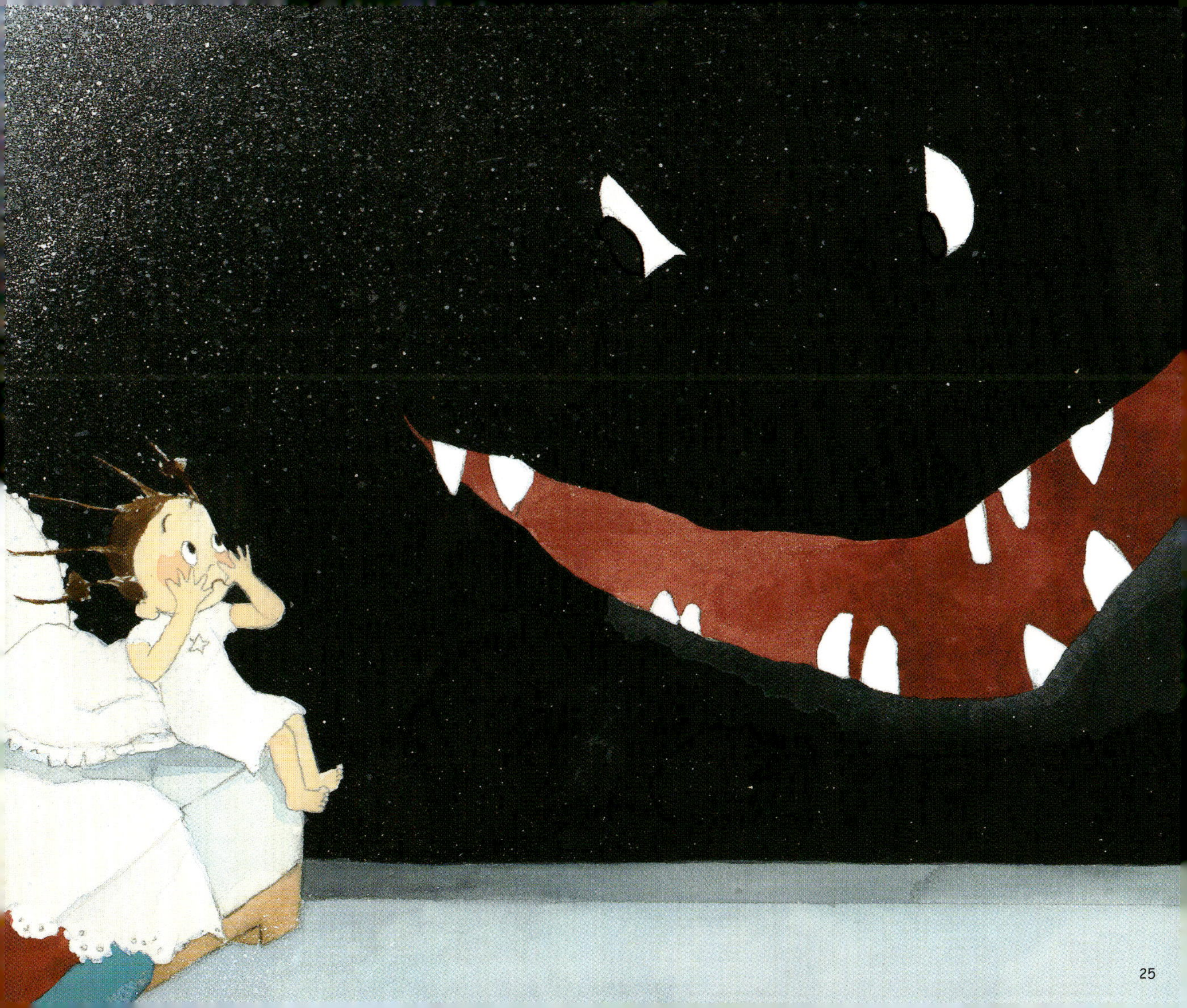

... se cogne au berceau de son petit frère.

OUINNNNNNN

« Aïe ! Mes oreilles ! Arrêtez, c'est horrible ! Au secours ! »
« Bravo, vas-y, Théo ! »
Le cauchemar disparaît dans la nuit. Il ne reviendra pas de sitôt.

NNNNNNNNNNNNN

Papa ouvre la porte de la chambre.

« Ma pauvre Nina ! Théo t'a réveillée... Je vais le faire dormir ailleurs. »

« Non, laisse Papa… Tu sais, on est drôlement contents d'être ensemble, mon petit frère et moi. »